GESTÃO
&
LIDERANÇA

Caro leitor,

Queremos saber sua opinião sobre nossos livros. Após sua leitura, acesse nosso site (www.ibgo.com.br) e contribua com sugestões, críticas e elogios.

Boa leitura!

GESTÃO & LIDERANÇA

20 práticas de ouro para superar os desafios da sua função

Bruno Estéfan Perego

Dados Internacionais de Catalogação na Publicação (CIP)
(Câmara Brasileira do Livro, SP, Brasil)

Perego, Bruno Estéfan
    Gestão & liderança : 20 práticas de ouro para
superar os desafios da sua função / Bruno Estéfan
Perego. -- 1. ed. -- Pedreira, SP : Ed. do Autor,
2022.

    Bibliografia.
    ISBN 978-65-00-49200-2

    1. Administração de empresa 2. Empreendedorismo
3. Gestão de negócios 4. Liderança 5. Planejamento
estratégico I. Título.

22-120867   CDD-658.4

Índices para catálogo sistemático:

1. Liderança e gestão : Administração   658.4

Aline Graziele Benitez - Bibliotecária - CRB-1/3129

À Camila, Eliza e Luiza

"Muito bem, agora que você alcançou seu tão almejado cargo de gerente ou líder de equipe, os seus resultados não dependem mais apenas de suas habilidades e conhecimentos técnicos, a partir de agora, o seu sucesso depende do desempenho de todo seu time."

"A arte de liderar pessoas pode ser uma atividade extremamente gratificante, desde que você não encare o seu dia a dia de maneira totalmente previsível, burocrática e rotineira. Maturidade emocional e flexibilidade são imprescindíveis, tais como algumas doses de bom humor são bem-vindas para dar leveza ao seu dia a dia."

Sumário

SAUDAÇÕES AO GESTOR

Parabéns por assumir a função de gestor ou líder de equipe, isso é um privilégio para poucos. Sua dedicação e suas habilidades técnicas e comportamentais foram reconhecidas. Agora você está incumbido de tomar decisões e delegar ações para ajudar o seu negócio a atingir seus objetivos.

Você já deve ter ciência da importância de sua função para a empresa e o grau de exigências que lhe aguardam, e obviamente esperam que você corresponda à altura. A sua função exige elevados conhecimentos técnicos e comportamentais, será necessária muita habilidade para gerir sua equipe e implementar suas técnicas com sucesso. Isso significa que agora você tem o enorme desafio de conduzir reuniões produtivas, ter comunicação assertiva, delegar responsabilidades, acompanhar desempenhos, dar feedbacks, motivar pessoas, convencer ao falar, saber ouvir, escolher bem as palavras, atentar-se a sua expressão corporal, administrar seu tempo e de seus colaboradores, pensar estrategicamente, principalmente planejar e colocar em prática seus conhecimentos!

Especialmente nos dias de hoje, a competitividade mundial tem obrigado as empresas a buscar por excelência em todos os aspectos. A gestão por sua vez pode contribuir e muito na busca por bons resultados. E isso a torna um fator de grande relevância para a saúde financeira das organizações.

Este livro foi escrito com o intuito de auxiliá-lo em sua importante função, apresentando as práticas essenciais para obtenção de sucesso na gestão e liderança contemporânea.

Ainda que você já tenha noções teóricas sobre alguns atributos da função, o principal objetivo aqui é apresentar em detalhes, dicas valiosas, através de uma linguagem simples e objetiva para elevar o seu nível de conhecimento.

Aplicando todos os conhecimentos adquiridos neste livro, em pouco tempo você tende a ser percebido, não apenas como "mais um" que assumiu a responsabilidade de gerir ou liderar uma equipe, mas sim, como um profissional com domínio e clareza de suas responsabilidades, maduro para aproveitar as oportunidades e assim deixar sua marca, de modo a fazer diferença nos desempenhos e resultados das organizações por onde emprestar seu talento. Parabéns pela iniciativa de escolher aprimorar seus conhecimentos. Boa sorte na função!

"O domínio das 20 práticas de gestão discutidas nesta obra, foi o divisor de águas de minha carreira."

DESENVOLVA O AUTO-CONHECIMENTO

Agora que você se tornou um gestor ou líder de equipe, é fundamental que antes de gerenciar os outros, seja capaz de gerenciar a si mesmo.

As pessoas costumam observar atentamente a vida e os comportamento de todos que as cercam, porém, muitas vezes deixam de se autoavaliar.

O autoconhecimento é um dos elos mais importantes da inteligência emocional. Você conseguirá gerenciar a si mesmo se conhecer seus pontos fortes e suas fraquezas. Ou seja, é necessário ter ciência de quais dos atributos que você possui costumam resultar em melhores ou piores desempenhos. Deste modo, o autoconhecimento está diretamente relacionado ao sucesso. Pois, ele torna possível que você aperfeiçoe suas potencialidades e trace metas para melhorar as suas limitações.

Você também precisa entender as suas emoções e seus relacionamentos, por exemplo: já se questionou quais situações fazem você se estressar ou lhe provocam medo? O que faz você sentir alegria e satisfação? Você é capaz de mostrar aos seus colegas ou superiores quando algo lhe incomoda? Sabe solicitar ajuda em momentos de dificuldade com alguma tarefa? Sente-se confortável em apresentar ideias e novos projetos ao participar de uma reunião? Procure identificar os motivos de cada reação.

Experimente perguntar para algum parente ou amigo próximo, o que a pessoa vê em você, qualidades e oportunidades de melhoria. Após obter as respostas, analise-as e pense no que pode ser melhorado.

Ao desenvolver o autoconhecimento o seu desempenho profissional evolui, mudanças de atitudes e decisões melhores irão refletir diretamente na sua performance.

Nenhum profissional trabalha sozinho, em especial um líder ou gestor. Portanto, ter empatia, transparência, proatividade e saber trabalhar em equipe contribuem para um clima organizacional positivo e consequentemente para o aumento da produtividade.

Uma vez que você conheça suas deficiências e saiba onde quer chegar, pense no que precisa ser feito para alcançar seu objetivo, estabeleça metas realistas, atingíveis e com prazo para conclusão. Não deixe de monitorar o seu próprio desenvolvimento.

Ao final deste livro, você encontrará dois exercícios que contribuirão para o seu autoconhecimento, através da identificação das características de seu perfil como gestor, não desperdice a oportunidade de realizá-los.

"Quem conhece os outros é sábio, quem conhece a si mesmo é iluminado."

Lao-Tsé

SUBSTITUA AS CRÍTI-CAS POR FEEDBACKS

Parte da sua função é fornecer feedbacks construtivos. É fundamental que seus subordinados, não apenas compreendam suas orientações em relação ao que eles devem fazer, mas principalmente que as coloquem em prática com excelência.

Inúmeros gestores não se sentem confortáveis em dar feedbacks negativos, eles temem que tais comentários sejam encarados como críticas pessoais e, portanto, evitam mencionar as falhas, questionar os comportamentos e esforços individuais. Um grande erro!

Gestores eficientes precisam dar feedbacks diariamente. Isso consiste em dar recados mais sérios, comentários neutros e até mesmo distribuir merecidos elogios. É obvio que num cenário ideal, espera-se que os feedbacks positivos se sobreponham em relação aos outros. Afinal, as pessoas não esquecem elogios recebidos, especialmente se forem realizados em público.

Não deixe de elogiar sempre que houver oportunidade. É imprescindível que você não guarde seus elogios apenas para os raros momentos de brilho ou resultados extraordinários, o reconhecimento do gestor mantém a equipe motivada. Demonstre que você aprecia pequenas ações, tais como organização do ambiente de trabalho, o modo como se relacionam com clientes e fornecedores internos ou como resolvem um problema, etc.

Quando o comentário for do tipo construtivo, é fundamental que você explique inicialmente para os colaboradores os seus desempenhos positivos e os altos padrões esperados em relação ao assunto em questão. O resultado desse tipo de abordagem é bem mais eficiente do que simplesmente apontar algo que o colaborador esteja fazendo errado e precisa mudar.

Qualquer colaborador sente a necessidade e a expectativa de receber uma avaliação de seu superior. Não deixe que os seus subordinados reclamem pela falta de feedback por sua parte, em vez disso, crie um ambiente favorável para comunicar suas ideias e sugestões para que os mesmos tenham ciência de seus desempenhos e incentive-os a melhorar.

Uma estratégia vencedora para tornar feedbacks periódicos mais eficientes segue as 3 etapas a seguir:

- **Convide seus subordinados a realizar uma autoavaliação formal:** Escolha as competências ou atividades que irão compor o formulário, como por exemplo: produtividade, qualidade, assiduidade, cooperação, comprometimento... ou alguma outra atividade específica de interessa da organização. Peça para o colaborador se autoavaliar tomando como base cada quesito, através de uma escala do tipo 1 a 5 ou 1 a 10.

- **Follow-up de justificativas:** Solicite ao colaborador exemplos ou explicações que justifiquem suas notas da autoavaliação. Identifique os critérios utilizados por eles para determinar seus níveis de desempenho. Algumas pessoas tendem a ser demasiadamente rigorosas ao julgar a si mesmas, mas mesmo que exagerem nos resultados você terá um ponto de partida que facilitará o início da avaliação.

- **Faça um consenso ajustando a sua análise com os comentários do colaborador:** Após você ter dado a oportunidade para o colaborador se autoavaliar, é o seu momento de acrescentar comentários sobre o que ele disse. Você pode começar comentando sobre o que ele precisa melhorar e, se possível finalizar dando algum elogio, visando manter um bom clima.

"Não compartilhe os seus problemas com seus subordinados, mas saiba fazer com que eles lhe falem sobre os deles."

NÃO FAÇA SOZINHO, DELEGUE TAREFAS E TRANSFIRA AUTORIDADE

Gestores de sucesso capacitam e confiam em suas equipes. Mas não pense que essa é uma fácil tarefa, transferir autoridade de forma errada pode causar o efeito contrário, ao ponto de arruinar seu desempenho como gestor. A eficácia da gestão depende do quão capaz o gestor é de acreditar que seu pessoal irá tomar as iniciativas corretas para solucionar problemas e gerar resultados positivos.

O grande diferencial de um gestor de sucesso não está na forma como ele executa as suas tarefas, mas sim em como ele identifica as pessoas certas para fazê-las.

A delegação de responsabilidades deve ser uma ação extremamente estudada. Você precisa observar a motivação ideal para a pessoa certa, para isso é importante identificar os interesses, os pontos fortes, fracos e o nível de conhecimento de cada profissional. A partir dessa análise, delegue responsabilidades para quem possuir excelentes desempenhos nessas premissas. Por exemplo, caso você queira desenvolver uma pessoa para identificar o grau de satisfação de clientes em relação aos produtos e serviços prestados pela sua empresa e posteriormente resolvê-los, procure escolher um profissional que goste de ouvir e possua uma comunicação assertiva (visando fazer as perguntas certas) e tenha potencial para analisar a causa raiz dos problemas no âmbito operacional para que a equipe possa discutir as soluções.

Quando você desenvolve seus colaboradores e delega responsabilidades, a sua eficiência se eleva, pois você consegue manter o seu foco em assuntos de extrema importância, evitando gastar energia com atividades rotineiras que só irão gastar o seu precioso tempo. Além disso você estará desenvolvendo a sua equipe e elevando o seu potencial de resultados.

Porém, se atente em não confundir delegação de poder com estabelecimento de atividades rotineiras a profissionais que não são capazes de concluir seus afazeres normais. A real competencia de delegar atividades implica em transferir poder e responsabilidade para que uma pessoa execute o que seria parte de suas atribuições como gestor.

Tenha cuidado para não sobrecarregar as pessoas, pois se os seus colaboradores pensarem que você está transferidos as tarefas difíceis nas costas deles, a tendencia é que você aos poucos perca a confiança de seus aliados.

Crie meios de controlar e avaliar a evolução da sua equipe. Estabeleça objetivos claros para cada tipo de tarefa, porém, não de todos os detalhes de como executá-la. Estimule os seus subordinados a encontrar por conta própria os caminhos para execução das tarefas.

Não confunda a delegação de tarefas e autonomia com transferência da responsabilidade por resultados, seu colaborador tendo ou não executado a tarefa, a responsabilidade final é sua.

Novos gestores muitas vezes pecam ao pegar de volta as tarefas que haviam delegado, geralmente oferecem ajuda para solucionar algo e abacam realizando o projeto todo. Não cometa esse erro, seus colaboradores precisam ser capazes de resolver problemas por si só.

Adote as seguintes sugestões:

- **Escolha as atividades que seus subordinados tenham condições de controlar e implantar sozinhos:** Coloque em teste a autonomia e a capacidade crítica de cada um. Se você for uma pessoa muito minunciosa e gerir de forma extremamente detalhada, delegar pode não ser uma tarefa tranquila para você. É importante que você faça essa autoanálise.

- **Deixe claro a sua forma de trabalhar e de avaliar:** Assegure-se de que sua equipe tenha ciência dos objetivos, metas e critérios de avaliação na qual você irá adotar ao considerar um desempenho bem sucedido. Estabaleça também um prazo para conclusão.

- **Experimente se ausentar por um período:** Identifique as atividades chave de sua função e delegue para quem possa realizá-las enquanto você não estiver presente. Ensine o que você sabe e confie, esse será um bom teste para você conhecer os seus colaboradores mais preparados.

A verdade é que, por mais perfeccionista que você seja, é necessário confiar em outros profissionais. Por exemplo, quando você viaja de avião, você não entra na cabine do piloto e toma o lugar dele. Ou, quando você tem uma dor de dente, você não trata seu dente sozinho. Você simplesmente confia em um profissional qualificado! No entanto, quando se trata de gestão de pessoas, por vezes agimos de maneira diferente, até irracional! Somos induzidos a acreditar que cuidar sozinhos de nossas tarefas é o melhor a se fazer.

"Não tenha medo de ensinar e/ou tirar férias, os melhores gestores conquistam ainda mais autoridade ao abrir mão dela."

AVALIE O DESEMPENHO DOS COLABORADORES REGULARMENTE

São inúmeros os profissionais que necessitam de feedbacks e direcionamentos sobre seus desempenhos para nortear futuras ações. Neste sentido é fundamental que você os forneça regularmente dados de performance precisos, honestos e bem expostos para motivar tais ações.

Alguns gestores e líderes se assombram quando precisam acompanhar o desempenho dos colaboradores, principalmente quando eles possuem rendimentos inconsistentes ou inferiores ao esperado. O temor aumenta quando os procedimentos avaliativos impostos pelas empresas são atividades burocráticas que demandam muito tempo com o preenchimento de documentos complexos.

As avaliações formais se tornam mais simples quando o superior utiliza o dia a dia para fornecer feedbacks aos colaboradores sobre os seus desempenhos. Isso reduz as surpresas na hora das avaliações formais (mensais, trimestrais, anuais etc.).

Procure equilibrar os pontos fortes e os pontos a melhorar no momento de analisar o desempenho de um funcionário. O correto é não ressaltar nem um, nem outro. Pois, caso você enfatize os pontos ruins, é possível que você ofusque o que a pessoa entregou de bom e desmotive-a. Por outro lado, somente elogiar também se torna um problema, pois o funcionário pode entender que nunca cometeu falhas. Portanto, o ideal é focar no resultado individual, citando por exemplo, um ponto a melhorar a cada três pontos positivos.

Esteja atento aos fatos, apoiando-se em situações reais observadas por você ou em provas efetivas, atribuindo se possível as datas das ocorrências para embasar suas afirmações. Dedique um tempo para anotar os fatos a serem corrigidos no dia-a-dia, não confie apenas na sua memória, especialmente se você possuir muitos liderados, considere ter em mãos uma agenda de bolso. Um dos principais desafios para novos gerentes e líderes na hora da avaliação de desempenho é conceder abertura para os seus liderados falarem de si próprio, exemplificando seus comportamentos e, inclusive se comparando com outros colegas de trabalho.

Procure ser preciso. Gestores e líderes com pouca experiência costumam pontuar notas boas ou superiores à média em todos os quesitos avaliados. Isso não é recomendado, pois caso em algum momento a demissão de um funcionário venha a ser uma solução por baixo desempenho, você não conseguirá comprovar a queda no nível de performance do colaborador.

A seguir, considere mais algumas dicas em relação ao processo de avaliação de desempenho:

- **Respeite o cronograma:** Os funcionários contam nos dedos a data da próxima avaliação. Contudo, é importante que você cumpra seus combinados. Se o combinado foi realizar avaliações mensais, trimestrais ou anuais, honre o que foi acordado. Caso contrário, você dará brecha para os funcionários censurarem sua falta de compromisso, e isso tende a ferir sua moral junto a equipe.

- **Adote o método "D.I.E.C.":** "Descreva o Impacto e Especifique as Consequências". Isso significa, transmitir responsabilidade para a equipe mensurar seus desempenhos, através dos impactos gerados por seus comportamentos, as consequências de suas ações (boas ou ruins) e, o que você gostaria que ocorresse.

- **Não ameace, sugira:** Assegure-se de que a pessoa avaliada perceba que a sua intenção ao avaliá-la é fornecer direções e conhecimento para que ela possa evoluir em seu trabalho. Procure demonstrar o que a pessoa tem a ganhar seguindo seus

conselhos em termos de comportamento.

"Gestores bem sucedidos só se mantém no topo quando estão dispostos a contribuir com o desenvolvimento dos seus liderados."

DECIDA COM PRECISÃO

Pois bem, caso você tenha acabado de se tornar gerente, vai perceber que deverá tomar uma grande quantidade de decisões diariamente. E, certamente muitas delas exigirão tempo para coleta de informações e análise dos fatos antes de tomar decisões importantes.

Procure criar um método sensato para decidir, pois assim você obtém maior precisão e serenidade, especialmente em decisões de pressão intensa.

Observe a seguir uma sugestão de três etapas:

1ª Coleta de fatos e dados;

2ª Identificação das alternativas de decisão;

3ª Escolha da alternativa mais assertiva.

Os fatos e dados importantes podem surgir de várias fontes, sejam qualitativas ou quantitativas,

tais como: relatos de colaboradores, clientes, fornecedores, relatórios etc.

Não subestime informações que num primeiro momento pareçam ser irrelevantes, procure relacionar todas as informações existentes para listar as alternativas de decisão. Caso a melhor dentre as alternativas possa trazer algum efeito negativo, pergunte-se: qual seria o impacto resultante da decisão e procure isolar previamente seus efeitos negativos. Embora as alternativas não forneçam fáceis escolhas, é importante que você decida sem excessiva postergação, pois a perda do *"time"* – momento – de uma decisão pode trazer prejuízos para sua gestão. Além de transmitir insegurança para equipe, você pode acumular assuntos que exijam tomadas de decisões, afetando inclusive o seu rendimento como gestor e consequentemente o desempenho da sua equipe.

Não se esconda e nem se sinta pressionado por tomadas de decisões, assuma a responsabilidade e se prepare para fazer o melhor julgamento, sua função exige tal autocontrole, especialmente se a decisão for polêmica e venha tirar o colaborador de sua "zona de conforto". Transmita decisões difíceis com diplomacia. Caso a decisão desagrade alguém, posicione-se, por exemplo, com frases do tipo: "Respeito sua posição, mas minha função exige uma decisão que vise o melhor para a empresa de um modo geral e, em algumas situações não é possível agradar a todos."

Tenha sempre uma "carta na manga". Pense em um "plano B", é natural que em algum momento você precise revisar uma decisão e tenha que mudar de direção no meio do caminho, caso os resultados não correspondam conforme o esperado. Esteja preparado para lidar com isso.

"Na realidade você jamais terá todos os dados que precisa para assegurar o resultado de uma tomada de decisão, caso tenha, refere-se a uma solução óbvia."

MOTIVE SUA EQUIPE ATRAVÉS DO ELOGIO

A forma mais eficaz de motivar colaboradores é através da prática do elogio autêntico, basta você criar este hábito, não tem custo e é prazeroso para ambas as partes. O elogio é capaz de energizar a pessoa de forma poderosa, as pessoas só precisam notar que sua admiração por elas é verdadeira, isso eleva a confiança do colaborador, gerando ainda mais dedicação e entrega.

Treine sua mente! Quando uma equipe nota que o gestor, mesmo envolvido em sua intensa rotina é capaz de exercer o seu lado humano, demonstrando consideração e respeito pelos colaboradores, valorizando seus esforços, competências e resultados, o ambiente contribui para a união e motivação da equipe, gerando uma conspiração positiva por parte da maioria dos colaboradores, que acaba contagiando todos, e o resultado disso é a dedicação espontânea da equipe ao cumprir as solicitações da gerência.

Embora a maioria dos gestores tenham conhecimento da importância do elogio para motivar pessoas, a grande dificuldade de muitos é superar a falta de sensibilidade para perceber as coisas boas realizadas pela equipe, devido a pressão constante geralmente impulsionada pela alta direção, crise e contratempos do dia a dia. Quando se passa a maior parte do expediente "apagando incêndios" – dedicado em resolver problemas – as falhas tendem a ofuscar o que deu certo. Mas, é uma prática muito possível de se exercitar.

O elogio não necessita ser sempre formal e verbal. Lembre-se que o corpo fala, envie sinais afirmativos com os olhos balançando a cabeça, tapas nas costas, sinal de positivo com o polegar, palmas, pequenas frases como "ótimo trabalho", "dessa vez você me surpreendeu", "você se superou" ou até mesmo um simples "parabéns" ou "obrigado por..." podem fazer grande diferença.

Outra forma indireta de elevar a motivação dos colaboradores é através de pedidos de ajuda. Por exemplo: "o que você sugere que façamos para resolver...?". É importante que você se controle para não responder sua própria pergunta, ou, para não influenciar o colaborador à uma resposta esperada. Ouça tudo com respeito e interesse, agradeça, e só depois argumente com seu ponto de vista e por fim cheguem em um consenso, certamente a pessoa se sentirá importante.

Mais uma motivação simples, mas que muitos gestores se descuidam é não chamar os colaboradores pelo nome. Lembre-se que a palavra mais doce que uma pessoa pode ouvir é o seu próprio nome, se você está iniciando sua trajetória como gestor de uma grande empresa, se esforce para decorar o nome de todos os colaboradores e procure, sempre que possível, dedicar um tempo para desejar um simples "Bom dia [NOME], tudo bem?" (lembre se pausar o seu olhar no olho do colaborador por um instante).

Você também pode abusar da imaginação, o céu é o limite para expressar sua admiração por um membro da equipe. Por exemplo, presenteie com uma lembrança simbólica, forneça uma folga, digite um e-mail, entre outros... O fato é que na medida que você se esforça para demonstrar seu reconhecimento, na mesma proporção os colaboradores se excederão para repetir o feito.

Pratique os hábitos a seguir:

- **Fidelize os colaboradores pelo que produzem de melhor:** Crie metas desafiadoras e atingíveis, e não perca a oportunidade de parabenizar os que superarem os padrões estabelecidos.

- **Reconheça o empenho, não somente os resultados:** Quando alguém se dedica, mas falha em relação ao resultado esperado, é importante que você reconheça o seu esforço para manter o colaborador motivado.

"O maior combustível verbal é o elogio."

COMUNIQUE-SE COM CLAREZA

Uma técnica de comunicação eficaz consiste em cativar e influenciar pessoas de forma positiva. De modo que possa motivá-las a entregar o que possuem de melhor, utilizando totalmente o seu potencial de habilidades, que muitas vezes nem são conhecidas por elas próprias.

Um dos problemas mais frequentemente enfrentados por líderes é a falta de comunicação assertiva. Quem nunca imaginou ter transmitido uma informação corretamente e posteriormente percebeu que o receptor não absorveu com clareza todos os detalhes?! Isso é muito comum no ambiente de trabalho, onde contém pessoas com diversos níveis intelectuais e de personalidade. O seu grande desafio como gestor e líder é não perder a serenidade quando isso acontecer, substitua o stress por uma reflexão, coloque-se no lugar o receptor e procure identificar como você poderia ter estruturado a mensagem de forma diferente para obter sucesso. Certificar-se de que a pessoa compreendeu a mensagem pode ser uma alternativa, por exemplo, você pode pedir sutilmente que a pessoa lhe diga o que ela entendeu, desde que tenha cuidado para não ser indelicado. Atente-se também para não explicar demais, pois, a pessoa pode se chatear por acreditar que você está subestimando sua inteligência. Em contrapartida, se receberem inúmeras orientações de forma desordenadas ou com palavras demasiadamente técnicas e complexas, os colaboradores podem não compreender com a mesma clareza que você tem sobre o assunto.

A comunicação é certamente o hábito mais importante para um gestor, a forma como você organiza suas palavras, faz pequenas pausas, exerce sua expressão corporal e como está disposto a ouvir, faz toda diferença para o colaborador cumprir ou não suas atividades corretamente. Parece fácil, mas na verdade isso exige treino.

Procure moldar seu estilo de comunicação de acordo com nível intelectual e o conhecimento de cada pessoa sobre a tarefa em questão. Mantenha o foco na atividade, tenha objetividade, não seja prolixo e não desvie do assunto principal, caso contrário poderá minar a paciência do ouvinte.

Se ainda não atingiu o nível de resultado esperado com sua equipe, otimize sua habilidade de comunicação ensaiando com algum amigo, estruture seus pensamentos antecipadamente e evolua o nível de complexidade dos assuntos até se sentir totalmente apto. Quanto mais você conseguir unir comunicações verbais e não verbais, sem exaltar a hierarquia, ou seja, o status dos personagens que ocupam cada função, maior será as chances de obter uma troca autêntica com seu colaborador.

"Atente-se às principais etapas de disseminação de conhecimento aos colaboradores: Preparação, explanação, demonstração, acompanhamento e revisão."

DOMINE SUAS PALAVRAS E SEU TEMPERAMENTO

Geralmente os melhores comunicadores não falam demais, eles não precisam chamar atenção falando sem necessidade. Gestores influentes falam somente quando tem o que dizer.

Ao se manter em silêncio, ouvir atentamente e expressar sua opinião falando o mínimo necessário, seus liderados darão mais importância para cada palavra que sair da sua boca, contudo você poderá se transformar em um expert da persuasão.

Se você for um gestor iniciante, não permita que a insegurança lhe induza ao erro de falar demais, não repita informações sem necessidade, não seja prolixo, não faça piadas idiotas e não interrompa quando alguém estiver falando, pois tais atitudes fazem com que seus subordinados se questionem, por que deveriam prestar atenção em que você diz.

Para dominar a colocação das palavras é importante que você reconheça o poder do silêncio. Talvez você esteja pensando, se eu ficar em silêncio não vou passar insegurança para meus liderados? O fato é que é possível ser muito assertivo ao se manter em silêncio. Uma ligeira pausa, em conjunto com a expressão facial, pode transmitir por exemplo, aprovação, reprova, preocupação, entusiasmo, entre outras comunicações. Além de lhe fornecer a oportunidade de refletir melhor sobre como externar suas palavras, e o melhor momento para isso, ao invés de inflamar uma conversa, principalmente em situações de stress. Geralmente quando as pessoas se encontram fora de seu estado de tranquilidade emocional (estressadas) tendem a não se concentrar em tudo que a outra pessoa diz, podendo perder informações importantes.

Pratique os hábitos a seguir para exercitar o domínio de seu temperamento:

- **Durante a conversa busque praticar o princípio do 80/20:** Dedique-se em escutar 80% do período e limite-se a falar os 20% que sobrarem.

- **Faça perguntas e aguarde as respostas em silêncio:** Mantenha a boca fechada, respire e posicione-se como ouvinte. Mesmo que a pessoa demore um pouco para responder, controle sua ansiedade, ficar de 5 a 10 segundos em silêncio pode parecer muito tempo para quem não está habituado, mas é a única forma de descobrir a real opinião de pessoas mais caladas.

- **Ao se deparar com situações de stress, deixe a pessoa desabafar por completo, apenas ouça:** Tentar interromper dizendo "tenha calma" ou "eu compreendo" pode piorar a situação.

"Esteja disponível para ouvir e as pessoas estarão sempre dispostas a lhe informar."

ELABORE PERGUNTAS INTELIGENTES

O gestor que realiza perguntas inteligentes, possui grandes chances de obter sucesso na sua função. Porém, é necessário desenvolver habilidades para não magoar as pessoas, utilize palavras corretas, tom de voz e ritmo adequado, mostre interesse pelas respostas e agradeça com educação ao final, principalmente se as informações forem importantes. Fazer perguntas corretas normalmente traz mais resultados do que sair distribuindo ordens.

Não faça perguntas por fazer, as faça se realmente tiver interesse no que pode ser respondido, pois, as pessoas notam com facilidade quando alguém está ou não interessado no assunto, se você se distrair, desviar o olhar, manter uma entonação monótona ou extremamente apressada a pessoa se sentirá desrespeitada. Evite também ficar concordando exageradamente com a cabeça, ficar resmungando ou suspirando. O melhor é se manter calado e atento enquanto a pessoa responde.

Saiba extrair tudo o que precisa saber dos seus funcionários:

- **Clareza:** Seja simples e objetivo ao perguntar e não influencie nas respostas com suas opiniões.

- **Confirme respostas importantes**: Através de colocações do tipo: "Deixa-me ver se compreendi, então..." ou "Você está falando que...?". Essas são formas de transmitir segurança para a pessoa que você se concentrou com atenção na resposta e a compreendeu.

- **Mergulhe no assunto:** Aprofunde-se nos detalhes, estimule os funcionários a pensar de forma mais profunda. Perguntas como "O que isso quer dizer?" ou "Qual sua conclusão sobre o assunto?", podem contribuir para o tema sair da superfície.

"Perguntas corretas às pessoas certas, compensam minhas ignorâncias."

MANTENHA O FOCO, MAS SEJA FLEXÍVEL

Independente de qual seja a organização em que você estiver inserido, ela sempre estará sujeita a mudanças, tanto no âmbito externo quanto interno. Para gerir contextos de mudanças é fundamental que você tenha em mente que elas carregam consigo doses de incerteza, elas podem ser difíceis e dolorosas, além de nem sempre serem boas e, cada colaborador reage de forma diferente frente a elas.

Mantenha sua equipe ciente de seus objetivos e metas, coletivas e individuais. Deste modo você norteia os colaboradores para a situação presente e quando for necessário mudar de rumo, o processo se torna mais claro para a equipe assimilar os novos objetivos. Procure mostrar o lado bom da mudança, visando tranquilizar a equipe. Se possível, envolva seu superior neste processo, pois é quem detém uma visão clara dos benefícios e/ou necessidades, contudo reúne propriedades para fornecer os melhores argumentos. Por fim, dissemine com entusiasmo para a sua equipe.

Para administrar mudanças junto aos subordinados, é fundamental que o gestor tenha "comprado a ideia" antes de transmiti-la, pois, se os seus colaboradores notarem sua fragilidade de aceitação e convicção, o resultado também tende a ser comprometido.

Caso você se sinta inseguro frente as mutações que a equipe terá de enfrentar, não entre em pânico, busque detectar os interesses pessoais dos colaboradores e enfatizar alguns benefícios e ganhos pessoais em curto, médio e longo prazo, abrangendo inclusive a segurança de emprego ao aderirem as mudanças.

Se houver desligamentos ou outros desfechos desagradáveis, prepare-se antecipadamente para amenizar descontentamentos e mal-entendidos e, esteja apto para responder todas as dúvidas e questionamentos.

Converse informalmente com os membros da equipe sobre as transformações e suas consequências. Reuniões informais amenizam possíveis rumores negativos e fortalecem a confiança da equipe com você. Coloque-se a disposição de qualquer colaborador para maiores esclarecimentos. Se por ventura você não tiver respostas para todas as perguntas, seja honesto, mas procure se informar e responder depois. O efeito negativo é menor do que evitar as pessoas ou fugir do assunto.

Pratique as técnicas a seguir para conduzir mudanças junto aos colaboradores:

- **Mostre os ganhos:** Apresente os benefícios de se adaptarem de forma rápida às transformações, acenando com as recompensas.

- **Visão de futuro:** Todos esperam conhecer os resultados finais de um processo de transformação, ou seja, como ficarão as mudanças? Procure antecipar todos os cenários.

- **Positividade:** Conduza com otimismo ou no mínimo de forma neutra. Evite comentários pessimistas, mesmo que você não seja totalmente favorável a mudança, ou seus subordinados se apoiarão em sua postura negativa.

"Não é o mais forte que sobrevive, nem o mais inteligente, mas o que melhor se adapta às mudanças."

Leon C. Megginson

GERENCIE SEU TEMPO DE MANEIRA EFICAZ

Muitos gestores possuem problemas ao administrar o tempo, devido ao elevado número de atividades que tentam executar simultaneamente, iniciando inúmeros projetos ou tarefas, acabam não conseguindo concluí-los e isso gera uma postergação constante para o dia seguinte, com um acumulo cada vez maior, dessa forma nenhum gestor consegue obter sucesso em médio e longo prazo.

Você já deve ter ouvido isso: o ideal é que você não deixe para amanhã o que puder fazer hoje. O segredo é a disciplina, organização e dedicação para direcionar as soluções da forma mais simples e objetiva possível. Na verdade, essa prática exige treino e esforço. Inicie detectando as atividades menos produtivas em sua rotina e elimine-as. Posteriormente, identifique se os métodos que você tem utilizado para planejar, controlar e executar suas atividades não são complexos ao ponto de poderem ser simplificados para que você possa realizar mais em menos tempo. Caso você tenha deficiência comportamental em relação a este hábito, busque conhecer os motivos pelos quais você se desmotiva antes da conclusão dos projetos iniciados. Existe algo que faça você travar? Essa análise pode lhe apresentar os fatores que resultam em falta de confiança para obter resultados, ou, até mesmo o desprazer ao realizar algum tipo de atividade.

Alguns gestores novatos podem sentir insegurança ao concluir projetos pelo fato da exposição às críticas e pelo receio de que os outros percebam que não são qualificados o suficiente para a função. Desse modo, acabam se escondendo atrás de pilhas de tarefas não finalizadas, com a intenção de parecer estarem sempre muito atarefados.

A melhor postura para administrar eficazmente o tempo, é encarar e superar as inseguranças e entregar o melhor de si. Enumere de forma objetiva as prioridades de suas tarefas diárias ou semanais, considere capacitar sua equipe para delegar o que for possível e estabeleça prazos para concluí-las de fato.

As práticas a seguir te ajudam a ter um dia mais produtivo:

- **Elimine desperdícios:** Mapeie as atividades improdutivas que desperdiçam o seu tempo e elimine-as.

- **Determine padrões coerentes e realistas**: O perfeccionismo normalmente atrapalha a administração do tempo. Gestores que detestam imperfeições tendem a ter dificuldades em concluir tarefas. Busque a excelência ao invés da perfeição.

- **Programe "impulsos de 30 minutos":** Durante esse intervalo de tempo, concentre-se em uma única atividade ou projeto, encarregue-se de cronometrar o tempo. Ainda que você não consiga finalizar, certamente dará uma boa arrancada e não haverá risco de deixar um projeto pausado por longos períodos.

"A maior parte do seu dia é realmente destinada ao que mais importa?"

NÃO ESCONDA AS MÁS NOTÍCIAS, TRANSMITA-AS COM CORAGEM

A forma que você trata e expõe uma má notícia tende a concretizar ou destruir sua credibilidade como gestor. Escolha as palavras certas e demonstre uma liderança clara e direta em relação a realidade da situação abordada. Esse tipo de comunicação é um ato de coragem e transmite confiança para a equipe.

Ao contrário disso, se você ficar com rodeios para abordar um assunto desagradável, além de descreditar sua imagem, a sua equipe tende a fazer o mesmo quando houver um assunto difícil evitando, por exemplo, trazer determinados problemas até sua ciência. Isso pode ser muito prejudicial para sua gestão, pois caso o assunto demande ações imediatas, essas podem chegar ao seu conhecimento tardiamente.

Portanto, o ideal é que você defina com antecedência o objetivo que pretende alcançar ao expor a notícia e comunique-a abertamente. Caso o seu objetivo seja estimulá-los para uma ação, é prudente que você já tenha pensado nas alternativas de planos de ação. Mas se o seu objetivo for apenas conscientizá-los sobre um fato, enfatize os possíveis efeitos negativos do problema, mas saiba concluir bem a comunicação, pois, problemas e imprevistos sempre existirão e a forma como você lida com eles pode ser um diferencial para que sua equipe possa tirar aprendizados reais e evolução de maturidade mediante situações futuras. Além disso, seu superior tende a notar a forma como você conduz um assunto negativo, visando a evolução da equipe e seus respectivos desempenhos.

Tome cuidado com o excesso de autoritarismo, postura corporal e com o tom da sua voz ao se expressar. Evite por exemplo, frases do tipo "odeio precisar dizer isso" ou "essa é a parte ruim da minha função". Seja objetivo e direto a ponto. Não transmita gestos de desanimo, hesitando ou balançando a cabeça repetidamente. Imagine por exemplo, que você é um palestrante com tom de voz firme e convicto. Caso você demonstre insegurança, os seus subordinados provavelmente irão reparar mais em seu comportamento do que propriamente nas informações transmitidas. Procure finalizar com um clima de otimismo, traçando metas para solucionar o problema e os caminhos para atingi-las.

Não permita que as más notícias sejam colocadas "debaixo do tapete", pois isso pode afetar a honra da equipe. Demonstre sempre esperança e apresente soluções instigadoras.

Na sequência aprecie as técnicas que tornam as notícias ruins menos indigestas:

- **Demonstre consciência de sua reponsabilidade:** É interessante que você mostre como as notícias ruins não desestabilizam sua consciência e responsabilidade. Nunca utilize comportamentos defensivos, ao contrário disso, assuma a responsabilidade de sua equipe, utilize frases do tipo "Se existe algum responsável pela situação ter chegado a este ponto, este sou eu, e sou eu o principal responsável por ajudá-los a sair desse cenário e, assim poderemos aprender com o caso".

- **Associe o contexto com algo maior:** Faça um link entre o caso e as metas ou objetivos da organização. Utilize-se de frases do tipo "Essas metas ou objetivos elevam o nosso desafio e responsabilidade, porém, temos condições de superá-los".

"Quanto mais você envolver sua equipe, informando-os sobre os detalhes da situação, melhor será o envolvimento e o desempenho de todos."

DESFRUTE DA OPINIÃO DE QUEM SE DEMITE

Sempre que um colaborador se demite, surge uma grande chance para você melhorar seu desempenho como gestor e/ou de seus subordinados com cargo de liderança. Não perda a oportunidade de agendar uma entrevista com o demissionário no dia de sua despedida. Inicie agradecendo-o pelo período de sua contribuição e posteriormente dê abertura para que ele se sinta à vontade para comentar o que você e a empresa fazem de bom e em que poderiam ser melhores.

Neste processo, é fundamental que você saiba o que perguntar e principalmente que saiba ouvir, além disso demonstre interesse pelas colocações do profissional e, se possível, anote-as, pois a pessoa só se sentirá confortável para fazer comentários construtivos sobre a sua gestão ou de algum líder subordinado a você se ele realmente perceber que você se importa com o que ele tem a dizer e quer evoluir profissionalmente valorizando suas ideias e seu feedback honesto.

Tenha cuidado ao conduzir a entrevista, de modo que ela não seja utilizada como um canal para o demissionário se vingar de colegas ou da empresa, realizando apenas críticas destrutivas.

Esse momento de entrevista final pode ser uma das raras oportunidades para um gestor receber informações de ouro, tais como, os pontos positivos e negativos dos procedimentos adotados pela empresa ou áreas de atuação, até mesmo quem são os colaboradores essenciais para o bom desempenho "os heróis desconhecidos".

Essa conversa, que por sinal você deve dizer para o colaborador que será confidencial, se bem conduzida tende a no mínimo deixar uma derradeira impressão positiva sobre você, podendo ser um fator positivo para conquistar aliados fora da empresa, ajudando a formar uma inestimável rede de relacionamentos que pode favorecer sua carreira.

As duas sugestões finais para aproveitar da melhor maneira a contribuição de quem está se desligando da empresa são:

- **Defina os objetivos:** Permita que a pessoa tenha ciência prévia sobre o que você abordará e frise a importância que você dará para as colocações dela.
- **Questões chaves:** Pergunte inicialmente se a pessoa possuía todos os recursos essenciais para executar seu trabalho. Posteriormente, direcione a conversa para temas mais complexos, abordando por exemplo, como a pessoa classifica a ética e companheirismo dos seus colegas de time.

"Geralmente gestores de sucesso possuem a sabedoria de ouvir mais do que falar."

DESENVOLVA OS CO-LABORADORES MENOS CAPACITADOS

O bom gestor não desiste de profissionais com baixo desempenho sem antes tentar desenvolvê-los. Trace metas e padrões de desempenho desafiadores e, não admita que sua equipe trabalhe com baixos níveis de performances, ou acabará rodeado por funcionários limitados.

Ao conseguir evoluir o nível de desempenho dos colaboradores, você certamente será notado por seus pares e ganhará fama de líder com alta capacidade de transformar pessoas com foco em resultados e, isso tende a impressionar seu superior. Seus colaboradores também se sentirão felizes por trabalhar em um time vencedor, elevando o nível de exigência da própria equipe com novos colegas de trabalho, ao ponto de não se satisfazerem com a entrega de serviços medianos por parte dos colegas.

Quando você aceita rendimentos fracos nos colaboradores, no fundo você está revelando uma deficiência sua como gestor e seus resultados também tendem a cair.

Podemos fazer uma analogia com times de futebol, quando um time tem a maioria de seus jogadores com alta performance, se um dos atletas não fornece a mesma entrega que os demais, existe uma pressão natural por parte dos outros atletas e treinador que impulsiona a melhora do mais fraco, que geralmente alcança alguma evolução. Mas o contrário também pode ocorrer, quando um técnico permite que vários jogadores com baixa entrega se mantenham na equipe, os jogadores excepcionais também tendem a se desmotivar e acabam perdendo produtividade. Em muitas situações o desempenho de um integrante depende da continuidade de outro para concluir o lance, o resultado é uma perda generalizada.

Uma falha comum entre gestores novatos é dedicar muito mais tempo aos colaboradores ótimos, abandonando os que possuem dificuldades ou que não se dedicam o suficiente para atingir os desempenhos esperados. Ao ignorá-los, o comportamento dos colaboradores menos capacitados se agrava, pois, tendem a se camuflar para evitar serem notados. Quanto mais isolados ficarem, mais difícil será para os resgatarem do "fundo do poço".

Confira mais três dicas para desenvolver os colaboradores menos capacitados:

- **Faça elogios sobre seus pontos fortes, ainda que ele não possua muitos:** Enalteça suas qualidades e estimule-os a cooperar de maneira mais efetiva explorando toda sua capacidade.

- **Provoque-os a evoluir gradativamente:** A transformação de colaboradores medíocres em estrelas não ocorre de um dia para outro, trace objetivos de curto prazo que requeiram empenhos e resultados gradualmente melhores. Independente de qual seja o tamanho da conquista, mesmo que pequena, elevará o nível do time.

- **Escolha colaboradores para serem "padrinhos" - mentores:** Quando você coloca profissionais de destaque para trabalhar junto e impulsionar os mais limitados, os que estão em processo de capacitação costumam apresentar melhores resultados ao receber o suporte de colegas de sucesso.

"O gestor que não exige superação, não lhe gera crescimento."

CONDUZA REUNIÕES PRODUTIVAS

A boa reunião é aquela que atinge os resultados esperados por parte do condutor, seja em termos de respostas e consensos entregues por parte dos participantes, quanto para os novos planos de ações traçados para os integrantes. A reunião não precisa e nem deve ser demorada, em geral as reuniões mais produtivas são objetivas e rápidas.

Reuniões longas não são vistas com bons olhos e tendem a perderem eficiência. Isso normalmente ocorre quando o gestor não estabelece uma pauta, ou, permite que algumas pessoas dominem a reunião, sem limite de colocações e/ou quando o grupo perde o foco dos assuntos principais a serem resolvidos.

Ao conduzir reuniões, procure manter todos os participantes atentos à cada assunto da pauta, forneça a agenda com as informações essenciais antecipadamente, proporcionando a todos uma preparação prévia para concentrar-se na solução dos problemas durante a reunião.

Organize a sala conforme o objetivo da reunião. Se pretende estimular uma discussão posicione as cadeiras em círculo ou em formato de "U". Se o objetivo for orientações breves, remova as cadeiras para que todos se posicionem em pé. Se possível, preencha lousa, *flip charts e post its* antecipadamente para não perder tempo durante a reunião e não a tornar maçante.

Deixe a pauta da reunião exposta num slide ou na parede, caso os participantes comecem a perder o foco ou dispersar, aponte para a pauta para reestabelecer o controle.

Ao falar, mantenha o contato visual com todos que estão na sala, não foque em apenas algumas pessoas ou as demais se sentirão excluídas. Esteja atento quando algum participante quiser comentar algo, principalmente os mais tímidos, estimule-os.

Não despreze as opiniões, mas caso esteja fora do contexto, não tenha receio de dizer que isso pode ser resolvido em outra ocasião.

As atitudes a seguir podem tornar suas reuniões mais produtivas:

- **Seja receptivo:** Prefira receber as pessoas na porta e cumprimentá-las ao invés de chegar primeiro, sentar-se e ficar olhando para suas anotações enquanto os participantes chegam, coloque-se no lugar deles.

- **Faça uma introdução de abertura:** Abra a reunião informando brevemente o propósito de estarem ali, enfatize os principais assuntos e comente o que conquistarão ao final.

- **Tome nota das responsabilidades por escrito:** Registre todos os compromissos e prazos assumidos por cada participante. Posteriormente elabore um resumo em formato de plano de ação e entregue cada participante acompanhar seus compromissos.

"Uma reunião onde todos os presentes estão absolutamente de acordo, é uma reunião perdida."

Albert Einstein

RESOLVA CONFLITOS COM SABEDORIA

Em todas as equipes de trabalho, naturalmente existirão conflitos em alguma fase de suas rotinas, todavia, esses conflitos precisam ser resolvidos o quanto antes para não se tornarem problemas maiores.

Em especial se tratando de pequenas empresas, aonde o convívio entre os funcionários acaba sendo mais intenso e qualquer desentendimento pode gerar um clima muito desfavorável ao ambiente de trabalho, resultando em queda no desempenho.

A responsabilidade por solucionar conflitos é sempre do gestor ou líder da equipe, porém, é necessário estar capacitado para isso. Essas situações são delicadas e precisam ser bem conduzidas para obtenção de sucesso na recuperação de um clima agradável entre os envolvidos.

A pior atitude de um líder é se omitir perante um conflito interno. Mesmo que pareça óbvio que os colaboradores deveriam ser maduros o suficiente para se resolverem através de uma boa conversa, é necessário realmente tomar a frente da situação.

Os seus subordinados precisam entender que dentro da sua equipe a harmonia tem que prevalecer, respeitando as diferenças um do outro.

O primeiro passo para resolver conflitos é chamar os colaboradores envolvidos separadamente para conversar, visando apenas entender a ocorrência, sem ainda tomar nenhum partido. Exercite sua habilidade de ouvir, evitando expressar reações ou julgamentos prévios e não se esqueça de considerar o histórico desses colaboradores, pois, dependendo do temperamento de uma pessoa, realmente esse pode ter sido o motivo dos atritos gerados que acabam atrapalhando a equipe. Se esse for o motivo, é necessário conversar de modo a corrigir esse comportamento.

O segundo passo é convocar os envolvidos para uma conversa. Nesta etapa, contenha suas emoções e seja imparcial na condução do diálogo para prevalecer a sua capacidade exercer liderança sobre a situação. Mesmo que você tenha muita afinidade com um dos colaboradores envolvidos no conflito, é fundamental que você consiga se desligar do seu emocional para não tomar decisões injustas.

Antes de decidir quem deverá ser corrigido, procure colocar-se no lugar das pessoas envolvidas. Analise o que cada pessoa sentiu e como isso afetou a relação de ambas as partes.

O ideal é não procurar culpados, afinal, todos estão sujeitos a não concordar com a forma de pensar de outra pessoa. Portanto, é correto realizar feedbacks corretivos e construtivos, deixando claro o que a organização espera do colaborador e o que ele deve fazer para obter sucesso dentro da organização.

Na medida do possível, conduza o diálogo sem maiores constrangimentos e tensões, estimulando o bom relacionamento dentro do ambiente de trabalho.

Depois de realizar as orientações para solucionar o conflito, o passo final é observar os impactos. Esteja atendo aos comportamentos dos envolvidos, pergunte-se, se houveram mudanças positivas ou negativas no rendimento individual e coletivo.

Outras dicas para obter sucesso na resolução de conflitos são:

- **Não finja que o conflito não ocorreu e/ou não o trate com descaso:** A omissão de atitude do gestor tende a agravar a situação, instaurando um clima de tensão no setor, contribuindo inclusive para que outros colaboradores também entrem em conflitos. Lembre-se que sua equipe está sempre atenta às suas atitudes!

- **Incentive sua equipe a participar de modo a expor seus pontos de vista de forma igualitária em reuniões formais e informais:** Faça com que todos tenham voz ativa, mas sem permitir ofensas entre os integrantes. Deste modo, os conflitos tendem a reduzir naturalmente. Assim a liderança e a equipe podem focar seus esforços e tempo ao que realmente precisa ser feito com a melhor performance possível e o trabalho da equipe irá brilhar. Neste caso, é fundamental que o líder incentive e elogie todos para que mantenham os resultados e os comportamentos como equipe satisfatórios.

"Quando você fala, está apenas repetindo aquilo que você já sabe. Mas quando você escuta, então pode aprender algo novo."

Dalai Lama

NÃO IGNORE O PETU-LANTE

Não é um bom negócio ignorar os petulantes, pois eles podem minar a motivação e o comprometimento da equipe na busca pela excelência. Esse tipo de pessoa acredita ter resposta para tudo, portanto, acaba se fechando para ouvir a razão. Rir das suas gracinhas ou sarcasmos não é a melhor opção, pois, ele poderá entender como um sinal de aprovação para continuar ironizando.

O gestor precisa vigiar com atenção constante esse tipo de pessoa para que não contagie a equipe e, principalmente, não afete a moral da empresa.

Ao se deparar com uma pessoa petulante na equipe, do tipo que adora distribuir comentários destrutivos ou colocar obstáculos para novas ideias, você não deve aceitar e/ou ignorar. Faça com que a pessoa exponha as suas ideias e sustente resultados melhores. O objetivo é tornar um comentário destrutivo em sugestão para solução de problema.

É interessante incentivar a aproximação de algum aliado de sua confiança junto ao petulante. Deixe-o desabafar com seu aliado para que você possa tratar dos assuntos em tempo hábil, evitando assim dar a oportunidade de ele agir com cinismo, deboche ou sarcasmos durante reuniões. Pessoas com esse tipo de postura podem atrapalhar o rendimento da equipe e ainda contaminar outros colegas.

A falta de experiência de alguns gestores faz com que cometam o erro de ignorar todas as palavras cínicas do petulante, acreditando que assim irá enfraquecê-lo, mas isso não muda seu comportamento. Aliás, ele pode inclusive aflorar ainda mais suas ações se descobrir que o rotula como petulante.

Adore o método a seguir para mudar o comportamento de uma pessoa petulante:

- **Reúna-se com o colaborador para discutir pessoalmente seus pontos de vista:** Caso ele faça alguma colocação válida, coloque em prática o quanto antes, assim ele vai perceber que a petulância não vale a pena.

- **Faça o petulante experimentar o poder:** Forneça certa autonomia para ele resolver problemas, permitindo que realize mudanças e analise os resultados. Dessa forma não terá do que reclamar.

- **Solicite comprovações:** Os petulantes costumam fazer críticas sem fundamentos. Ao pedir provas, a pessoa vai pensar melhor antes de fazer comentários infundados. Caso o colaborador tenha argumentos realmente consistentes, auxilie-o com a solução, fazendo-o perceber que é melhor ele lhe ter como um aliado ao invés de adotar um comportamento agressivo.

"É petulância acreditar que o problema está sempre no outro. Sabedoria é concentrar-se na solução dos problemas."

ENCANTE SEU SUPERIOR

Do mesmo modo que você gerencia seus funcionários, terá que aprender gerenciar o seu superior. Você só conseguirá deslanchar sua carreira se for capaz de fazer com que seu superior reconheça o valor de seu talento e obviamente a sua honestidade.

É algo similar ao lidar com um cliente. O fato é que existem diversas formas de surpreender positivamente seu superior: supere suas expectativas, antecipe-se em: suas entregas, soluções de problemas e possíveis preocupações. Mantenha o foco na agregação de valor e certamente será visto como um profissional de destaque.

Porém, tenha cuidado para não se exceder na tentativa de ser brilhante e acabar bajulando demais. Caso seus colegas de trabalho passem a te enxergar como um "puxa-saco", acreditarão que será capaz de qualquer coisa para se destacar. Isso pode passar a impressão de falsidade para seus pares e consequentemente atrapalhar seus relacionamentos e a sua gestão. Portanto, não fique se exibindo, apontando o dedo para os erros dos outros ou tomando os méritos para si quando o êxito for alcançado por seu time, pois, o resultado irá acabar se invertendo, manchando sua imagem e eliminando todas as possibilidades de sucesso. Prefira ser persistente na busca por resultados.

Outro fator importante é não titubear perante o que seu superior lhe solicitar, seja convicto em sua resposta, se você tem condições de cumprir, responda por exemplo, "Te entrego até o fim do dia", não deixe dúvidas sobre seu potencial. Risque do seu vocabulário a palavra "acho", prefira frases do tipo "Sim, eu consigo fazer". As pessoas tendem a admirar quem dá esse tipo de resposta e cumpre o que prometeu, aliás esse é um fator fundamental.

Sempre realize suas promessas sem atrasos ou pretextos. Se por acaso não for possível fazer algo, não crie falsas expectativas, seja claro em dizer que não será possível realizar dentro do prazo ou das condições disponíveis, mas tenha argumentos convincentes para isso.

Ao posicionar-se sobre a situação de algum projeto, inicie mencionando o que já foi conquistado até o momento, ao invés de mencionar o que falta conquistar.

Impressione ainda mais seu superior, realizando as práticas a seguir:

- **Preveja os questionamentos:** Adiante-se sobre o que seu superior pode perguntar a você e, prepare-se antecipadamente para dar as respostas precisas e atuais. Assim o surpreenderá com seu conhecimento sobre o tema.

- **Entregue sempre mais**: Prometer menos e entregar mais é a melhor forma de superar expectativas.

- **Não discorde de seu superior em público**: Aguarde o melhor momento para expor uma opinião contrária à dele, em particular.

"Há momentos em que a maior sabedoria é parecer não saber nada."

Sun Tzu

DEMITA DE FORMA ÉTICA E TRANQUILA

O processo demissional é provavelmente uma das atividades mais temidas por gestores e líderes. Por não se sentirem preparados para realizar demissões, muitos acabam transferindo essa responsabilidade para o departamento de recursos humanos, que é um grande erro. Pois, quem acompanha de perto o dia a dia do colaborador e todo o seu processo evolutivo, em termos comportamentais e técnicos dentro da sua função é o seu superior imediato, não o profissional de recursos humanos.

Antes de decidir sobre a demissão de um colaborador, o gestor deve se assegurar de ter realizado ao menos três feedbacks formais e honestos, expondo seus níveis de desempenho deficientes, seja em aspectos técnicos ou comportamentais. Conforme já mencionado anteriormente, uma das práticas (04) essenciais de um gestor ou líder é avaliar o desempenho dos colaboradores regularmente em aspectos como: produtividade, qualidade do trabalho, cooperação, comprometimento, assiduidade, relacionamento, entre outros. Nesse processo, você como gestor ou líder deve comunicar com clareza ao colaborador quais são os níveis em que ele se encontra na sua avaliação para cada quesito e quais seriam os níveis esperados pela organização. Caso ele não esteja correspondendo, enfatize que se ele seguir com o desempenho atual, não obterá sucesso a longo prazo e, por fim, estabeleça uma data limite para sua adequação. Isso tornará um processo demissional menos tenso de ambas as partes, pois, ao adotar esse método você dará a oportunidade de o colaborador saber o que você realmente espera dele e em quanto tempo. Além de uma possível demissão futura deixar de ser uma surpresa para o colaborador, o resultado pós feedback depende exclusivamente das atitudes e resultados do funcionário.

Caso a demissão seja a melhor opção, prefira o início do turno de trabalho do colaborador para comunicá-la, assim o colaborador estará com a mente mais tranquila e sem a possibilidade de ter acumulado estresses do dia a dia, principalmente se a demissão envolver um profissional de cargo diferenciado.

Não mande recado, conduza com uma postura serena, seja claro e objetivo, relembre rapidamente o colaborador sobre os feedbacks que foram realizados no passado, evite rodeios, não fale mais do que precisa e muito menos invente motivos que não sejam reais.

Esteja preparado para qualquer tipo de reação. Pessoas podem, por exemplo, chorar ou sentir raiva. O melhor a se fazer neste momento é esperar os ânimos se acalmarem, dê um tempo para a pessoa se acalmar e só depois retome com o processo. Você pode dizer que compreende como ela se sente, mas que a decisão já foi tomada e, em seguida, formalize o processo colhendo a assinatura do demissionário e finalize agradecendo por sua dedicação, mesmo que você saiba que a pessoa poderia ter entregado mais, deseje boa sorte e sucesso.

"Pessoas são contratadas pelas suas habilidades técnicas, mas são demitidas por seus comportamentos."
Peter Drucker

CONQUISTE ALIADOS

Você terá muito mais chance de ser bem sucedido como gestor se tiver talento para conquistar aliados. Conquiste o máximo que puder.

Para cultivar aliados, basicamente você precisa ser querido por seus pares e subordinados, que é diferente de fazer amigos. Aliás, não é conveniente e talvez nem seja possível construir uma amizade sincera e confidente com seus subordinados, isso tende a atrapalhar sua gestão. Ao invés disso, basta tratar as pessoas com respeito, empatia e honestidade.

Geralmente, os principais aliados de um gestor encontram-se entre os pares de níveis semelhantes e superiores.

Identifique as pessoas que tenham perfis que você admira e permita que elas tomem conhecimento disso. Aplauda suas conquistas, parabenize e vibre junto com os acertos e vitórias, conforte-as em momentos difíceis, troque gentilezas, mantenha-as inteiradas dos assuntos possíveis, compartilhe experiências e comente com elas o que e o quanto você aprendeu com elas. Seja honesto e conquistará aliados facilmente.

As pessoas costumam dar sinais quando precisam de ajuda. Esteja atento a esses sinais. Por exemplo, se alguém comentar que tem intensão de utilizar um *software* novo que você tenha conhecimento ou que pretende criar uma planilha, não perca a oportunidade de oferecer ajuda.

Se um colega se mostrar aflito com alguma situação no trabalho, esteja pronto para ajudar a clarear a situação. Mas tenha cuidado para não ser invasivo, conheça o nível de ego do colega antes de expor suas ideias, prefira sugerir através de perguntas, por exemplo: "Você já experimentou...?" ao invés de "Creio que você deva fazer...".

Não tenha vergonha de elogiar as pessoas que conquistarem prêmios, promoções ou que tiveram alguma ideia brilhante, parabenize-as.

As três atitudes a seguir contribuirão para você atrair mais aliados:

- **Dialogue sem disputar:** Não tenha o desejo de vencer as discussões com seus pares e superiores. Respeite a opinião das pessoas e não menospreze seus conhecimentos. Mesmo quando não concordar com alguma colocação, demonstre seus motivos de forma educada e sensata.

- **Aprove o que está correto:** Manifeste sua concordância em relação as ideias e opiniões que você acreditar serem corretas. Mesmo que seja com pequenos gestos, um sorriso ou uma afirmação com a cabeça. Tenha cuidado para não se manter apático, pois vão pensar que você não está interessado no assunto.

- **Auxilie as pessoas em suas pretensões:** Tome conhecimento dos interesses dos colegas. Ajude-os a alcançar seus objetivos.

"O relacionamento é base para o sucesso de um líder."

*Adaptados de IBE Institute of Business Education,
Desenvolvimento Gerencial – CADEMP, 2014

ESTUDO DE CASO 01: O GESTOR

Instruções:

Neste exercício, NÃO há respostas CERTAS ou ERRADAS:

É apenas um meio de VERIFICAR algumas de suas atitudes em relação ao exercício de sua atividade como gerente.

A seguir, relacionam-se várias proposições e descrições sobre o trabalho de um gestor.

Para cada afirmação existem 5 (cinco) opções de resposta.

Assinale a alternativa que mais se aproxima da sua maneira de pensar.

AO ASSUMIR A GESTÃO DE UMA EQUIPE COM UM BOM DESEMPENHO, O GESTOR DEVE:

_____01 Verificar o cumprimento das metas, saber sobre possíveis dificuldades, mas interferir somente se houver problema;

_____02 Promover reuniões periódicas com toda a equipe para acompanhar o desempenho e resolver problemas;

_____03 Manter uma supervisão rígida com a intenção de evitar a queda de desempenho;

_____04 Reunir-se individualmente com cada funcionário, informar que irá supervisioná-lo diretamente e colocar-se à disposição para ajudar no que for preciso;

_____05 Adiar qualquer intervenção, pois, se está tudo indo bem, não há razão para interferir.

A EXPERIÊNCIA NA GERÊNCIA ENSINA QUE PARA RESOLVER CONFLITOS ENTRE FUNCIONÁRIO, É MELHOR:

_____06 Envolver todo o grupo na solução;

_____07 Analisar o caso diretamente com as partes envolvidas;

_____08 Usar de autoridade tão logo se constate o problema;

_____09 Negociar separadamente com cada pessoa envolvida;

_____10 Esperar que as partes solucionem seus problemas.

A AVALIAÇÃO É UM MOMENTO PROPÍCIO PARA:

_____11 Identificar falhas individuais;

_____12 Mostrar o valor das pessoas na conquista de resultados;

_____13 Reconhecer a importância da equipe;

_____14 Aconselhar as pessoas;

_____15 Divulgar gráficos e tabelas sobre resultados.

O DIRETOR GERAL PEDIU A CADA GERENTE QUE RECEBESSE UM CONSULTOR CONTRATADO A POUCOS DIAS E DECIDISSE COM

ELE A CONTRIBUIÇÃO PARA MELHORAR O TRABALHO, O GERENTE DEVE:

_____16 Reunir-se com o consultor e também com grupos de funcionários para analisar em conjunto a introdução de novas ideias;

_____17 Ouvir o consultor e informar-lhe que irá refletir sobre o tema antes de tomar qualquer decisão;

_____18 Receber o consultor e informar-lhe que, como chefe, cabe a você decidir se elas devem ou não serem implementadas;

_____19 Promover um encontro do consultor com toda a equipe para, em conjunto, debater suas ideias e receber as opiniões dos funcionários;

_____20 Receber o consultor, elogiar suas ideias, compromete-se com elas e dizer-lhe que irá pensar sobre o momento mais oportuno para colocá-las em prática.

O PAPEL PRIMORDIAL DE UM GESTOR É:

_____21 Incentivar, delegar e apoiar;

_____22 Facilitar, permitir e liberar;

_____23 Mobilizar, contagiar e congregar;

_____24 Decidir, comunicar e controlar;

______25 Consultar, dialogar e persuadir.

PARA SER EFICIENTE, O FUNCIONÁRIO DEVE SENTIR-SE:

______26 Apoiado pelo seu grupo ou equipe;

______27 Pressionado por critérios de controle e avaliação;

______28 Responsável por metas e com certa autonomia para conquistá-la;

______29 Apoiado pelos conselhos e ajuda do gestor;

______30 Livre da interferência do gestor.

NO ÚLTIMO TRIMESTRE, O DESEMPENHO DE UM FUNCIONÁRIO FOI BEM ABAIXO DO ESPERADO. MAIS UMA VEZ, ELE NÃO SEGUIU AS ORIENTAÇÕES DA EMPRESA. O GESTOR DEVE:

______31 Relembrar ao funcionário que ele poderá ser responsabilizado se não cumprir as políticas e metas da empresa;

_____32 Reforçar o controle sobre as atividades diárias desse funcionário e informá-lo sobre as possíveis sanções da empresa;

_____33 Aconselhá-lo a cumprir as metas para evitar problemas futuros;

_____34 Reunir-se com toda a equipe para debater o problema de desempenho e obter sugestões para solucioná-lo;

_____35 Procurar conhecer melhor as dificuldades do funcionário, possíveis adversidades em seu trabalho, e definir as opções para melhorar o seu desempenho.

O FUNCIONÁRIO QUE MAIS INCOMODA É O:

_____36 Provocador de conflitos que exigem a interferência do gestor;

_____37 Contestador insistente das orientações do gestor;

_____38 Irresponsável quanto a suas metas e resultados;

_____39 Individualista e opositor ao trabalho em equipe;

_______40 Avesso ao diálogo e à harmonia com o gestor.

O QUE MAIS PREJUDICA A FUNÇÃO DE GESTOR É:

_______41 Ser obrigado a interferir em conflitos entre subordinados;

_______42 Ter a autoridade contestada;

_______43 Ter funcionários negligentes em relação às suas tarefas;

_______44 Ter desunião no grupo;

_______45 Fracassar nos seus diálogos com os funcionários.

UM TRAINEE QUE CONCLUIU SEU ESTÁGIO HÁ POUCO TEMPO FOI EFETIVADO NA EMPRESA. NO ENTANTO, APÓS A EFETIVAÇÃO, SEU DESEMPENHO DEIXOU A DESEJAR. O GESTOR DEVE:

_______46 Relembrar ao jovem, em conversa amistosa, que ele deve se dedicar com mais afinco para não perder aquela oportunidade;

_____47 Reunir-se com o funcionário para saber de suas dificuldades e verificar possíveis insuficiências do treinamento;

_____48 Melhor não interferir nesse momento: deve ser simples falta de experiência, que o tempo resolverá naturalmente;

_____49 Dizer ao funcionário que lhe dará somente mais uma chance e relembrar-lhe novamente a natureza das tarefas e as metas;

_____50 Reunir-se com a equipe e solicitar a ajuda de todos para o jovem recém-admitido.

PARA GARANTIR RESPEITO DOS SUBORDINADOS, É IMPORTANTE QUE O GESTOR:

_____51 Guarde certa distância para preservar a autoridade;

_____52 Ouça cada funcionário sobre as decisões de trabalho;

_____53 Deixe-os mais livres das interferências do gestor;

_____54 Incentive-os e os apoie em suas iniciativas;

_____55 Faça-os constituir uma equipe.

A MELHOR IMAGEM DE UM GESTOR SERIA A DE UMA PESSOA:

_____56 De autoridade e boa supervisora de todas as atividades;

_____57 Sábia em mesclar rigor e bondade;

_____58 Incentivadora de um espírito de equipe;

_____59 Capaz de delegar e promover a iniciativa dos funcionários;

_____60 Capaz de preservar a individualidade de cada funcionário.

UMA FUNCIONÁRIA APRESENTOU IDEIAS PARA MELHORAR O DESEMPENHO: ALTERAR TAREFAS ALHEIAS E MODIFICAR PROCEDIMENTOS RECENTEMENTE INTRODUZIDOS PELA CHEFIA, O GERENTE DEVE:

_____61 Determinar-lhe que se atenha às suas funções, não interfira no trabalho alheio, frisando que mudanças de procedimentos são prerrogativas da gerência;

_____62 Dizer-lhe que compreende suas posições, mas que ela não deve invadir a área de outros, sobretudo no que se refere aos procedimentos determinados pela chefia;

_____63 Compartilhar com o grupo as novas propostas e pedir que todos as examinem;

_____64 Agradecer as sugestões e examinar com a funcionária as novas ideias para avaliar suas vantagens e desvantagens;

_____65 Dizer-lhe que irá pensar com calma sobre o assunto, pois o momento não é o mais oportuno.

DIANTE DE UM PROBLEMA GRAVE, A HABILIDADE NA GERÊNCIA SE DEMONSTRA PELO SABER:

_____66 Interpretar rapidamente a situação e decidir pelo melhor caminho;

_____67 Deixar aos diretamente envolvidos no problema a busca da solução;

_____68 Agregar os responsáveis, gestores e técnicos, na busca da solução;

_____69 Ouvir individualmente as pessoas para conhecer os fatos;

_______70 Envolver todos os funcionários na busca da solução.

A GERÊNCIA SE EXERCE MELHOR COM:

_______71 Determinações e ordens escritas;

_______72 Estímulos à participação das pessoas;

_______73 Aconselhamento constante aos funcionários;

_______74 Incentivo e apoio à iniciativa aos funcionários;

_______75 Supervisão e controle do gestor.

FOLHA DE TABULAÇÃO

Assinale e some as suas respostas referente a cada perfil:

_______03 _______08 _______11 _______18 _______24

_______27 _______32 _______37 _______42 _______49

_______51 _______56 _______61 _______66 _______75

COMANDA (soma) _______

_____04 _____09 _____14 _____20 _____25

_____29 _____33 _____40 _____45 _____46

_____52 _____57 _____62 _____69 _____73

CONSULTA (soma) _______

_____02 _____06 _____13 _____19 _____23

_____26 _____34 _____39 _____44 _____50

_____55 _____58 _____63 _____70 _____72

PARTICIPA (soma) _______

_____01 _____07 _____12 _____16 _____21

_____28 _____35 _____38 _____43 _____47

_____54 _____59 _____64 _____68 _____74

DELEGA (soma) _______

_____05 _____10 _____15 _____17 _____22

_____30 _____31 _____36 _____41 _____48

_____53 _____60 _____65 _____67 _____71

TRANSFERE (soma) _______

RESULTADOS

COMANDA

Assume claramente a autoridade do cargo, incorporando-o a sua pessoa. Presume que o bem exige disciplina e controle. Vê o chefe como uma pessoa capaz de decidir melhor por causa da perspectiva de seu cargo e seu acesso a informações privilegiadas.

Gosta de apresentar-se como conhecedor e habilidoso em decidir sobre estratégias e táticas. Prioriza, na gerência, o comando e o controle; vê a eficiência como resultada da aderência à disciplina. Decide e comunica não permitindo a interferência dos funcionários na decisão.

Teme o processo de decidir, mas não a decisão. Evita diálogos e contestação ao decidir só. Centra-se em si próprio e assume claramente a responsabilidade mais por vitórias do que por derrotas. Tende a culpar funcionários por derrotas. Sua prioridade na avaliação é verificar deficiências no desempenho individual.

Delega parte da sua autoridade para cima e nada para baixo: rigor com os subordinados e subserviência com os superiores. Heroísmo na chefia é saber usar conhecimento, perspectiva e informação privilegiada para acertar sozinho.

Suas relações pessoais com subordinados são cautelosas, formais e distantes. A credibilidade do chefe perante o seu grupo tende a ser baixa. Seus subordinados sentem-se comandados e se convencem de que trabalham apenas para o benefício do chefe; o clima organizacional é de submissão.

Se o bom chefe é a pessoa capaz de autoridade e disciplina, o melhor funcionário é o que omite opiniões e julgamentos e segue com rigor as determinações do chefe. Passa a imagem de autoridade e firmeza, sobretudo, em decisões difíceis: assume e enfrenta, interpreta e decide.

Critica funcionários abertamente e os ameaçam com sua autoridade como desculpa prévia por fracassos. Receia conscientizar-se de problemas por insinuar críticas a sua autoridade. Deixa transparecer que não se deve deixa-lo nervoso porque outros podem se lamentar; assim evita críticas à sua pessoa.

Seu receio principal é ver sua autoridade contestada. Para convencer as pessoas, ordens diretas e autoritárias são mais importantes que conhecimento. Concentra atenção de forma excessiva na tarefa para compensar dificuldades humanas.

CONSULTA

Assume a autoridade do cargo deixando transparecer compreensão e bondade. Presume que o bem depende de aconselhamento. Vê o chefe como uma autoridade capaz de ouvir e aconselhar além de determinar. Gosta de apresentar-se como negociador exímio e mestre no jogo político. Prioriza na gerência o diálogo e a consulta como base inicial para a decisão; vê a eficiência na chefia como resultado da aderência à orientação do chefe. Consulta e persuade: é moderada a interferência dos funcionários na decisão.

Teme parcialmente o processo de decidir, por isso o controla através da bondade. Não teme decidir. Centra-se em si próprio e assume a responsabilidade por vitórias e derrotas. Compartilha vitórias com subordinados, conforme o caso e em benefício próprio. Sua prioridade na avaliação é aconselhar sobre como melhorar o desempenho.

Delega parte de sua autoridade para cima e pouco para baixo: rigor e benevolência com os subordinados e subserviência com os superiores. Heroísmo na chefia é saber reter o poder e a autoridade, apesar de ceder e conceder.

Suas relações pessoais com subordinados são amistosas, mas formais e paternalistas. A credibilidade do chefe perante o seu grupo tende a ser moderada. Seus subordinados sentem-se protegidos e se convencem de que trabalham para manter a proteção do chefe; o clima organizacional é de dependência. Aproxima-se dos funcionários com aparência de amizade e doçura.

Se bom chefe é a pessoa capaz de combinar disciplina e compreensão humana, o melhor funcionário é o que emite opiniões e julgamentos somente quando consultado pelo seu chefe. Passa a imagem de firmeza com compreensão e benevolência: assume, concede, consulta e aconselha.

Critica funcionários de forma indireta para deixá-los mal perante outros como desculpa prévia por fracassos. Ameaçam-nos com a perda de sua benevolência. Receia problemas por insinuarem uma reação negativa à sua bondade. Deixa transparecer que funcionários que trazem problemas são ingratos e pouco compreensíveis com a amabilidade da chefia. Inibe formalmente o negativo. Seu receio principal é ver sua bondade como insuficiente. Para convencer as pessoas, estilo e doçura são mais importantes que conhecimento. Concentra atenção de forma excessiva em bajulações e elogios para disfarçar individualismo e autoritarismo.

PARTICIPA

Assume a autoridade do cargo de forma compartilhada com sua equipe. Presume que o bem depende de ações e de controles e ações de grupo. Gosta também de apresentar-se como contagiador e facilitador do grupo para decisões estratégicas. Prioriza na gerência a participação e a ação coletiva; vê a eficiência na chefia como resultado da aderência ao grupo. Participa e se envolve permitindo alta interferência dos funcionários na decisão.

Gosta do processo, mas não de decidir: transfere a decisão para o grupo. Centra-se no grupo e, assim, resiste em assumir responsabilidades individuais. Tende a transferi-la para seu grupo. Sua prioridade na avaliação é reconhecer as habilidades da equipe.

Delega muito para baixo e tenta usar o poder coletivo para pressionar e influenciar em cima. Heroísmo na chefia é capacidade de mobilizar e de agregar – heróis nunca estão sós.

Suas relações pessoais com subordinados são de coleguismo cooperativo. A credibilidade do chefe perante o seu grupo tende a ser alta. Seus subordinados sentem-se considerados e se convencem de que trabalham para relações de trabalho convenientes; o clima organizacional é de confiança.

Se bom chefe é a pessoa capaz de agregar os funcionários e valorizá-los acima das regras e das normas, o melhor funcionário é o que compartilha ideia e interage com seus colegas. Passa a imagem de pessoa democrática e agregadora: participa, envolve-se e compartilha. Evita críticas abertas a pessoas culpando sempre o grupo. Ameaça as pessoas por danos que possam causar à união do grupo. Não receia problemas, porém, rapidamente, os transfere ao grupo para solucioná-los. Como percebe a vida administrativa a partir da equipe, aceita mais facilmente críticas ao seu trabalho. Seu receio principal é ver os recursos coletivos dos funcionários se voltarem contra a chefia. Para convencer as pessoas, participação e envolvimento são mais importantes que conhecimento. Concentra atenção de forma excessiva no grupo para compensar incompetências pessoais.

DELEGA

Assume a autoridade do cargo mostrando que seu poder é diferente, parcial e complementar aos dos subordinados. Presume que o bem depende de confiança nas pessoas, de apoio e incentivos. Vê o chefe como um líder que mobiliza e incentiva o poder dos subordinados. Prioriza, na gerência, a delegação e o incentivo; vê a eficiência na chefia como aderência prioritária às metas e resultados. Transfere por delegação permitindo alta interferência dos funcionários na decisão. Gosta do processo e da decisão: envolve-se com ambos e os varia conforme o caso. Centra-se no grupo e em si próprio; tende a assumir sem receio vitórias e derrotas. Sua prioridade na avaliação é reconhecer habilidades pessoais e da equipe e no alcance de resultados.

Delega acentuadamente para baixo e procura usar a competência e os resultados para contrapor-se a influência e o poder de cima. Heroísmo na chefia é lutar e conquistar apesar das condições adversas.

Suas relações pessoais com subordinados são francas, tanto cooperativas quanto conflitivas. A credibilidade do chefe perante o seu grupo tende a ser alta. Seus subordinados sentem-se como empreendedores e se convencem de que trabalham para o seu próprio futuro e de sua empresa; o clima organizacional é de confiança e responsabilidade.

Se bom chefe é a pessoa capaz de confiar e ceder segundo metas e resultados, o melhor funcionário é o que usa sua autoridade delegada e sua iniciativa para alcançar resultados. Passa a imagem de uma pessoa ativa e confiável como um aliado: assume, delega, aprende e negocia.

Age criticamente com pessoas e grupos referenciando-se em metas e objetivos. Ameaça as pessoas por danos que sua irresponsabilidade pode causar a organização. Não receia problemas, às vezes, julga até que são bem-vindos como uma forma de revigorar o trabalho na busca de novas soluções. Vê problemas como naturais na vida administrativa e, facilmente, se organiza para resolvê-los. Seu receio principal é ver seus funcionários não assumirem responsabilidades. Para convencer as pessoas, autonomia e responsabilidade são tão importantes quanto conhecimento. Concentra atenção de forma excessiva na delegação para compensar receios com os enfrentamentos cotidianos da autoridade.

TRANSFERE

Assume a formalidade do cargo, mas não o seu poder. Presume que o bem independe de ações da chefia e está na personalidade de cada um. Vê o chefe como um supervisor e auditor que acompanha o desenrolar dos eventos. Gosta, também, de apresentar-se como facilitador e interlocutor entre pessoas. Prioriza, na gerência, o planejamento e controles formais como forma de não se envolver; vê a eficiência na chefia como resultado da menor interferência. Transfere por abandono deixando fora de controle a interferência dos funcionários na decisão.

Teme o processo e a decisão: adia e evita decisões e reuniões. Centra-se em si próprio: exime-se o máximo possível. Vê-se como vítima tanto do poder dos superiores como dos subordinados. Tende a manifestar-se responsável em caso de vitórias. Sua prioridade na avaliação é apresentar resultados.

Delega quase tudo para cima e para baixo conforme as circunstâncias. Subserviente em cima e em baixo. Heroísmo na chefia é conseguir se manter no cargo apesar das condições adversas e quase intolerável ônus psicológico.

Suas relações pessoais com subordinados são de distância por desconfiança e suspeição. A credibilidade do chefe perante o seu grupo tende a ser nula. Seus subordinados sentem-se abandonados e se convencem de que trabalham para a manutenção do emprego; o clima organizacional é de isolamento e desconfiança.

Se bom chefe é a pessoa capaz de não se deixar contaminar pelos conflitos de poder, o melhor funcionário é o que resolve problemas e não os traz à chefia. Passa a imagem de uma pessoa permissiva e não perturbadora: receia, restringe-se e isola-se.

Critica funcionários reservadamente e perante terceiros. Ameaçam seus subordinados com regras escritas e regulamentos como desculpa prévia por fracassos. Receia conscientizar-se de problemas por temer a decisão e a ação. (Exceção aos que podem ser cobrados por superiores). Já que não se sente confortável em solucioná-los, prefere desconhecê-los. Deixa transparecer que se sente incomodado e indefeso quando lhe trazem problemas; assim, inibe seus funcionários para que se sintam culpados e indevidos em trazer-lhes problemas e que ele não pode resolver. Por vezes, elogia funcionários que não trazem problemas como uma forma adicional de constrangimento. Seu receio principal é ser obrigado a decisões radicais em relação às pessoas. Para convencê-las, normas e regulamentos são mais importantes que conhecimento. Concentra atenção de forma excessiva na burocracia para disfarçar sua dificuldade em assumir responsabilidade.

ESTUDO DE CASO 02: ATIVIDADE GERENCIAL

Instruções:

Neste exercício, NÃO há respostas CERTAS ou ERRADAS:

Trata-se apenas de um meio de VERIFICAR suas percepções sobre o seu trabalho.

A seguir, relacionam-se vários julgamentos e atitudes de uma pessoa em relação ao seu trabalho.

Para cada afirmação existem 3 (três) opções de resposta.

De acordo com o que se aplica mais ou menos a você, assinale a que reflete mais claramente a sua maneira de pensar.

O BOM GESTOR:

______01 Define metas e resultados.

______02 É imparcial nas suas decisões.

______03 Concilia diferenças entre os funcionários.

EM SITUAÇÕES DE DÚVIDA, É MELHOR:

______04 Arriscar e seguir em frente.

______05 Consultar os funcionários.

______06 Buscar mais informações.

DESCONTROLES EMOCIONAIS SÃO:

______07 Negativos: fontes de paralisias e de más de-
cisões.

______08 Negativos: mas trazem vigor às ações orga-
nizacionais.

______09 Naturais: reativam a necessidade de com-
preensão humana.

PARA MELHOR DECIDIR, É NECESSÁRIO:

______10 Coragem para arriscar novas metas.

______11 Intuição para saber o melhor caminho a se-
guir.

______12 Discernimento para buscar informações estratégicas.

A FRASE QUE MELHOR DEFINE UM BOM GESTOR É:

______13 Agir com base na razão.

______14 Ir à luta.

______15 Ser seu aliado.

AO INICIAR UMA NEGOCIAÇÃO, É MELHOR:

______16 Precaver-se bem contra as propostas da outra parte.

______17 Justificar bem as nossas propostas.

______18 Criar entre as partes o sentimento de dependência mútua.

O GESTOR DEVE NOTAR O SIGNIFICADO DAS TAREFAS PARA:

______19 Os resultados do seu setor.

______20 O desenvolvimento de seus funcionários.

______21 A imagem da sua empresa.

NO MUNDO COMPETITIVO, O GESTOR DEVE SER:

_______22 Realista e cauteloso.

_______23 Firme e guerreiro.

_______24 Confiante na equipe.

AO PASSAR INFORMAÇÕES À SUA EQUIPE, O GESTOR DEVE:

_______25 Ir direto ao ponto para evitar digressões e dúvidas.

_______26 Incluir as próprias dúvidas e sentimentos.

_______27 Ressaltar os dados mais importantes.

DIANTE DE PROJETOS NOVOS DA EMPRESA, DEVE-SE:

_______28 Esperar ser convidado e incluído neles.

_______29 Aproximar-se de outros para tentar unir esforços.

_______30 Assumir logo a responsabilidade e levar adiante as novas ideias.

O MELHOR USO DA AUTORIDADE DEVE DEIXAR AS PESSOAS:

______31 Precavidas contra erros e omissões.

______32 Confiantes nas próprias habilidades.

______33 Tranquilas com o apoio da chefia.

NORMALMENTE, UM GRANDE OBSTÁCULO À BOA DECISÃO É:

______34 O descontrole emocional das pessoas.

______35 O descuido com resultados.

______36 A desarmonia entre colegas.

SÃO MELHORES AS JUSTIFICATIVAS QUE SE BASEIAM:

______37 Na necessidade de novos resultados.

______38 Na clareza sobre os motivos da ação.

______39 Na expectativa das pessoas.

PARA PROGREDIR COMO GESTOR E NA SUA CARREIRA, É MELHOR SER MAIS:

______40 Responsável.

______41 Compreensivo.

______42 Persistente.

AS DECISÕES NO MUNDO CONTEMPORÂNEO EXIGEM:

_____43 Rapidez para evitar a perda de oportunidades.

_____44 Precisão e análises para evitar erros.

_____45 Envolvimento da equipe para evitar conflitos.

O BOM GESTOR IMPRIME NOS FUNCIONÁRIOS UM SENTIDO DE:

_____46 Equipe.

_____47 Empreendedorismo.

_____48 Justiça.

PARA SE ELIMINAR DÚVIDAS, DEVE-SE BUSCAR:

_____49 A orientação das chefias.

_____50 O consenso entre as pessoas.

_____51 A evidência dos dados.

NA CHEFIA, A MELHOR VIRTUDE É:

_____52 A prudência.

_____53 A tenacidade.

______54 A lealdade.

AO GESTOR CABE INCENTIVAR AS PESSOAS A DESENVOLVER:

______55 Seus conhecimentos.

______56 Seu espírito de iniciativa.

______57 Sua criatividade.

O GRANDE ORGULHO DE UM GESTOR É:

______58 Obter resultados superiores aos dos demais serviços.

______59 Liderar um grupo cooperativo e harmônico.

______60 Ser reconhecido pelo progresso de seu serviço.

OS FUNCIONÁRIOS PRECISAM MAIS DE:

______61 Respeito aos seus direitos.

______62 Apoio.

______63 Incentivos.

RECONHECE-SE UM GESTOR BEM-SUCE-DIDO QUANDO ELE É:

______64 Afinado com a equipe.

______65 Persuasivo e orientador.

______66 Confiável e imparcial.

PARA PREPARAR-SE PARA AS NEGOCIA-ÇÕES, É MELHOR:

______67 Guardar trunfos na manga.

______68 Ter correção e ética.

______69 Procurar relacionar-se bem com os interlo-cutores.

PARA UM BOM GESTOR, ERROS:

______70 Podem ser graves, e, portanto, vale o es-forço de evita-los.

______71 São perdoáveis se fruto de informações in-completas.

______72 São normais e, portanto, quase sempre per-doáveis.

A HARMONIA NO TRABALHO DEPENDE DE:

______73 Boas relações pessoais.

_____74 Controle e feedback adequados.

_____75 Comprometimento com os objetivos.

NAS RELAÇÕES COM SEUS FUNCIONÁRIOS, É MELHOR O GESTOR:

_____76 Ser sensível às pessoas, mesmo que isso o faça parecer afetivo.

_____77 Orientar-se à ação, mesmo que isso o faça parecer agressivo.

_____78 Ter autocontrole, mesmo que isso o faça parecer impessoal.

PARA MELHOR INICIAR UMA NEGOCIAÇÃO, É PRECISO:

_____79 Mostrar-se compreensivo e conciliador com a outra parte.

_____80 Mostrar-se firme e com poucas possibilidades de ceder.

_____81 Conhecer melhor os dados e as razões da outra parte.

É MELHOR GESTOR QUEM INCENTIVA OS FUNCIONÁRIOS A:

_____82 Lutar por uma grande causa ou objetivo.

_____83 Vencer as grandes batalhas do desempenho.

_____84 Formar uma equipe de colaboração.

O MELHOR GESTOR FICA ATENTO:

_____85 Ao risco e as oportunidades.

_____86 Às pessoas.

_____87 Aos fatos e dados.

PARA MELHOR DECIDIR, VALE ESFORÇAR-SE PARA:

_____88 Conhecer as pessoas envolvidas.

_____89 Definir o problema.

_____90 Procurar a solução.

É MELHOR ESTIMULAR:

_____91 A competição.

_____92 A cooperação.

_____93 A correção.

NA HORA DE DECIDIR, É MELHOR REFEREN-CIAR-SE:

_______94 Na intuição.

_______95 Na lógica dos fatos.

_______96 Na visão de resultados.

A MELHOR VIRTUDE NO TRABALHO É:

_______97 A lealdade.

_______98 O espírito de iniciativa.

_______99 A prudência.

FOLHA DE TABULAÇÃO

_____02	_____06	_____07	_____12	_____13
_____17	_____21	_____22	_____25	_____28
_____32	_____34	_____38	_____40	_____44
_____48	_____51	_____52	_____55	_____60
_____61	_____66	_____68	_____70	_____75
_____78	_____81	_____82	_____87	_____89
_____93	_____95	_____99		

(Soma) ___________ **ANALISTA LÓGICO**

_____01 _____04 _____08 _____10 _____14

_____16 _____19 _____23 _____27 _____30

_____31 _____35 _____37 _____42 _____43

_____47 _____49 _____53 _____56 _____58

_____63 _____65 _____67 _____71 _____74

_____77 _____80 _____83 _____85 _____90

_____91 _____96 _____98

(Soma) ____________ ASSERTIVO TENAZ

_____03 _____05 _____09 _____11 _____15

_____18 _____20 _____24 _____26 _____29

_____33 _____36 _____39 _____41 _____45

_____46 _____50 _____54 _____57 _____59

_____62 _____64 _____69 _____72 _____73

_____92 _____94 _____97

(Soma) ____________ APOIADOR AMIGO

PERFIS DE ATITUDES GERENCIAIS

ANALISTA LÓGICO

É uma pessoa racional e objetiva; no exercício da chefia, prefere a neutralidade e a impessoalidade. Concentra-se em objetivos e funções e crê na melhor definição de tarefas como redutor de conflitos. Gosta de informações, dados e análises, e tende a ser mais racional nas suas decisões.

É formal: usa a lógica e julga pelo conhecimento e pela razão. Rejeita igualmente a afeição e a agressão. Procura criar um ambiente ético, racional, em que as emoções e os interesses individuais não prevaleçam sobre as decisões e as ações. Crê que o chefe faz uma organização produtiva pela qualidade e a lógica nas decisões, além de valores éticos compartilhados, sobretudo através de seu próprio exemplo.

Relaciona-se com as pessoas de acordo com seus papéis organizacionais: é atento ao significado que as tarefas têm para a imagem de sua organização. Apesar de consciente sobre o sentimento das pessoas, tende a desconsiderá-las em suas decisões. Fere as pessoas sem notar; relaciona-se bem com a maioria, mas bem melhor com as pessoas de seu próprio tipo; é inflexível e não manifesta sentimentos em relação às pessoas. Teme o descontrole levado por emoções, menos por conduzirem a qualquer tipo de ineficiência e mais por não saber agir bem em meio à irracionalidade. Passa a imagem de desinteresse e frieza. Frequentemente, evita que as decisões sejam influenciadas simplesmente pelos desejos das pessoas. Aceita elogios, mas prefere ser tratado com equidade. Um chefe desse tipo, procura satisfação no trabalho através da autossuficiência e do exercício de ordenar logicamente o ambiente. Normalmente, espera apenas reconhecimento pela sua forma de agir. Tende a ser cauteloso, metódico e guiado por alguns princípios.

Carrega um sentido de missão e, normalmente, é mais desprendido em termos de conquistas, tanto organizacional quanto pessoais. Tende a abusar de análises e demonstra pouca consciência do sentimento de amor e de luta. Pode cair na armadilha da própria crença na ética e na racionalidade das pessoas.

ASSERTIVO TENAZ

É uma pessoa que vê o desempenho individual como base importante da organização. Concentra-se em resultados e tende a ser persistente na sua busca. Crê no respeito às metas como fator de eficiência. Gosta de resultados e do desempenho acima das expectativas. É uma pessoa esforçada: inicia as ações, disciplina-as e controla-as. Julga pelo desempenho individual. No entanto, não se importa em parecer agressivo na busca por resultados. Procura criar um ambiente de desempenho em que os participantes se dediquem à busca de resultados. Crê que o chefe faz uma organização produtiva incitando constantemente o grupo a novas metas e desafios. Relaciona-se com as pessoas de acordo com o seu desempenho; é atento ao significado que as tarefas têm para os resultados. Tende a ser duro e a desprezar o sentimento das pessoas em suas decisões. Não se importa em ferir as pessoas, relaciona-se bem com poucas: é rígida, e manifesta claramente sua firmeza. Tende a rejeitar a afeição por receio de sentimentos prejudicarem a disciplina no trabalho e a eficiência do controle do chefe. Passa a imagem de agressividade. Frequentemente reativa seu papel diretivo e procura influenciar as decisões. Prefere elogios centrados na sua capacidade de realização. Um chefe desse tipo procura satisfação no trabalho através da autoafirmação e do direcionamento das atividades de outros. Normalmente, espera ganhos claros por sua forma de agir. Tende a ser autoconfiante, empreendedor e persuasivo. Carrega um sentido de empreendedorismo e de conquistas empresariais. Teme a irresponsabilidade e o descaso em relação às metas. Tende a abusar da pressão para obter resultados e, normalmente, demonstra falta de afeição, humildade e consideração humana. Pode cair na armadilha do orgulho pessoal e individualizar qualquer êxito organizacional.

APOIOADOR AMIGO

É uma pessoa amiga; gosta de definições ambíguas que permitam maior interferência individual nos objetivos e métodos de trabalho. Concentra-se nas pessoas e nos grupos e tende a ser mais intuitivo e empático nos seus relacionamentos administrativos. Vê o cultivo das inter-relações pessoais como forma de evitar conflitos. Trabalha com pessoas, emoções, desejos, expectativas e consensos; tolera e alivia tensões. É sentimental: compreende, elogia e ajuda, e julga pelo sentimento. Procura criar um ambiente de apoio mútuo em que os participantes se sintam satisfeitos em suas relações de trabalho. Crê que o chefe faz uma organização produtiva considerando de forma significativa as emoções e os sentimentos das pessoas. Relaciona-se com as pessoas de acordo com seus sentimentos e expectativas: é atento ao significado que as tarefas têm para seus funcionários. Tende a ser muito consciente sobre o sentimento das pessoas em suas decisões. Procura não ferir as pessoas, relaciona-se bem com a maioria; é condescendente e manifesta compaixão. Rejeita a agressão e aceita a afeição, mas age no ambiente agressivo e de baixa moral tentando reconstruir relações através da recuperação de laços afetivos. Passa a imagem de afetividade. Frequentemente deixa as decisões serem influenciadas por desejos de outras pessoas. Prefere elogios pessoais e acompanhados de manifestação de apoio. Um chefe desse tipo procura satisfação no trabalho promovendo a harmonia com outros. Normalmente, não espera retorno por melhorar o bem-estar do grupo. Tende a ser confiável, otimista, idealista e leal. Carrega um sentido de missionário espiritual. Teme o conflito e a deserção e tende a abusar da bondade. Normalmente, demonstra falta de firmeza e de autoafirmação. Pode cair na armadilha do próprio entusiasmo com as pessoas.

BIBLIOGRAFIA SELECIONADA

CAVALCANTI, Vera Lucia. – Liderança e Motivação – Rio de Janeiro: Fundação Getúlio Vergas, v. 02 2007.

CORTELLA, Mario Sérgio. - Qual é a Tua Obra? Inquietações propositivas sobre gestão, liderança e ética. Rio de Janeiro: Vozes, 2008.

DRUCKER, Peter. - Desafios Gerenciais para o Século XXI. São Paulo: Pioneira, 1999.

LOPES, Renato Peracoli. – Desenvolvimento Gerencial. Campinas: IBE/FGV CADEMP-09, 2014.

MAXWELL, John C. – As 21 Irrefutáveis Leis da Liderança. Rio de Janeiro: Thomas Nelson Brasil, 2007.

MAXIMIANO, A. C. A. – Gerência de Trabalho em Equipe. São Paulo: Livraria Pioneira Editora, 1986.

MENDONÇA, Maria Fortunato de; NOVO, Damáris Vieira; CARVALHO, Rosangela de. - Gestão e Liderança. Rio de Janeiro: FGV, 2011.

MOSCOVICI, Fela. – Equipes dão certo: a multiplicação do talento humano. 7 ed. Rio de Janeiro: José Olympio, 2002.

STETTNER, Morey. - O Manual do Novo Gerente. Rio de Janeiro: Sextante, 2006.

AGORA É CONTIGO!

Parabéns por concluir a leitura "Gestão e Liderança". Preparei com carinho, uma novidade para você.

Com o intuito de contribuir ainda mais com seu desenvolvimento, criamos um espaço em meu site para otimizar o seu trabalho e seu tempo, onde você pode acessar imediatamente diversos materiais gratuitos que podem auxiliar em sua jornada como gestor.

Você encontrará diversas planilhas prontas para baixar, desde ferramentas técnicas para identificação e solução de problemas operacionais até planejamentos estratégicos, planos de ações, entre outros.

Efetue o download dos arquivos que você se interessar, todos são gratuitos. Certamente irão lhe ajudar em sua trajetória profissional e em direção de sua realização pessoal.

É muito fácil:

Acesse **www.ibgo.com.br**

Escolha os arquivos e efetue o download.

Não demore a dar o próximo passo, afinal, o tempo voa.

Nos vemos por lá!

MINICURRÍCULO

Bruno Estéfan Perego sempre foi apaixonado por ensinar, ajudar e influenciar pessoas.

Iniciou sua trajetória profissional antes mesmo de completar 18 anos, passando por diversas indústrias e praticamente todos os níveis hierárquicos antes de atingir o escalão gerencial. Diretor do Instituto Brasileiro de Gestão Operacional e Gerente Industrial da Plasmont, se formou em Administração de Empresas com ênfase em Propaganda e Marketing aos 21 anos, em seguida ingressou um MBA em Logística e não parou mais de assumir novos desafios. Possui também cursos de Pós-Graduado em Gestão Industrial, Especialista em Lean Manufacturing, Black Belt Six Sigma, Desenvolvimento Gerencial, Planejamento Integrado dos Estoques e da Produção, entre outros.

Incansável na busca por novos conhecimentos ingressou num mestrado de Engenharia de Produção e Manufatura, é pesquisador convidado do CENPRO - Centro de Pesquisa em Engenharia de

Produção da FCA-UNICAMP. E a mais de 10 anos vem ensinando pessoas a evoluir neste âmbito da gestão industrial, já tendo ministrado mais de 10 disciplinas universitárias em cursos de administração de empresas, engenharia de produção, gestão da qualidade, gestão da produção industrial e logística empresarial.

Sua carreira vem sendo pontuada por contribuições a empresas e profissionais como instrutor e palestrante, principalmente nas áreas de gestão e liderança.

Apaixonado por gente e conhecimento, Bruno é um ser humano que busca gerir com coerência o que escreve, pois acredita que as "20 práticas de ouro sobre gestão e liderança" descritas neste livro criam um contexto que o aproxima verdadeiramente da sua própria essência.

Para mais informações, acesse:

Site do autor: www.ibgo.com.br

Telefone: +55 (19) 99673-9080

E-mail: bruno.perego@ibgo.com.br

Linkedin: Bruno Perego

Youtube: Bruno Perego

Instagram: www.instagram.com/sigaibgo

Facebook: www.facebook.com/sigaibgo

UMA CAUSA NOBRE

Agora que você concluiu a leitura Gestão & Liderança, considere a ideia de compartilhar com mais pessoas.

Se o livro lhe beneficiou, não perca a oportunidade de contribuir com colegas de trabalho, amigos e familiares.

Faça parte deste projeto! Ajude a disseminar essas práticas para que outras pessoas possam evoluir profissionalmente.

Com sua contribuição, tenho certeza que faremos desse livro uma causa nobre.

Conto com a sua ajuda!

Grande abraço,
Bruno Perego

www.ingramcontent.com/pod-product-compliance
Lightning Source LLC
LaVergne TN
LVHW091509170726

843492LV00001B/409